LA
DÉCORATION INTÉRIEURE

DE LA

CATHÉDRALE DE TROYES

SOUS LOUIS XVI

PAR

M. ALBERT BABEAU

CORRESPONDANT DE L'INSTITUT

ANCIEN PRÉSIDENT DE LA SOCIÉTÉ ACADÉMIQUE DE L'AUBE

TROYES

IMPRIMERIE ET LITHOGRAPHIE PAUL NOUEL

Rue Notre-Dame, 41 et 43

—

1900

Offert à la section archéologique
du Comité des Travaux historiques

A Mabecoy

Offert à la section archéologique
du Comité des Travaux historiques

LA
DÉCORATION INTÉRIEURE

DE LA

CATHÉDRALE DE TROYES

SOUS LOUIS XVI

PAR

M. ALBERT BABEAU

CORRESPONDANT DE L'INSTITUT

ANCIEN PRÉSIDENT DE LA SOCIÉTÉ ACADÉMIQUE DE L'AUBE

TROYES

IMPRIMERIE ET LITHOGRAPHIE PAUL NOUEL

Rue Notre-Dame, 41 et 43

—

1900

PHOTOTYPIE LOUVRIER IMP. P. NOUEL

MAITRE-AUTEL DE LA CATHÉDRALE DE TROYES

D'après une aquarelle de J. H. GENTILZ, 1779

LA DÉCORATION INTÉRIEURE

DE LA

CATHÉDRALE DE TROYES

SOUS LOUIS XVI

———

Si le beau conserve toujours sa valeur intrinsèque, l'idée que l'on s'en forme diffère selon les temps. Il y a des modes pour les arts comme pour le vêtement; seulement, elles durent plus longtemps. Après avoir été en faveur pendant trois siècles, le style connu sous le nom de gothique a été proscrit du milieu du XVIe siècle au commencement du nôtre. Rien n'égale le dédain des contemporains de Louis XIV et de Louis XV pour cette architecture, qu'on attribue aux anciens Goths et qu'on qualifie volontiers de barbare. Si l'on ne peut renverser et remplacer les édifices superbes et grandioses que le moyen âge a construits, on s'efforce d'en modifier l'intérieur et de le décorer selon les préceptes du goût moderne. Paris, dont l'influence est de plus en plus prépondérante, donne l'exemple; et la plus grande ambition des Chapitres des cathédrales de province sera de prendre pour modèle les prétendus embellissements qu'on a fait subir à la cathédrale de Paris et à d'autres églises de la même ville, où les autels, les entourages de chœur, les tombeaux, les décorations artistiques, et jusqu'aux vitraux du moyen âge, étaient en tout ou en partie déplacés ou détruits.

Heureusement qu'on alla rarement, comme à Notre-Dame de Paris, jusqu'à remplacer les verres peints des hautes fenêtres par du verre blanc, parce que le « verre coloré et fort épais » nuisait à l'éclairage de l'édifice. A Troyes, particulièrement, on respecta les magnifiques verrières qui sont encore la plus éclatante parure du majestueux vaisseau de la Cathédrale[1]; on se contenta, en 1778, de le faire blanchir, comme on l'avait fait à Paris, afin de remédier à la teinte sombre des voûtes et des colonnes que le temps avait noircies.

Les chanoines de Saint-Pierre s'attachèrent surtout à modifier l'aménagement et l'aspect de l'intérieur du chœur. Les revenus du Chapitre ayant diminué, comme ceux des autres corporations religieuses, depuis le xv° siècle[2], des ressources extraordinaires étaient nécessaires pour entreprendre des travaux d'une certaine importance. Une circonstance imprévue vint en procurer en 1726; un vigneron déterra, dans une vigne qui appartenait au Chapitre, une urne contenant un grand nombre de pièces d'or de l'Empire romain. Cent douze de ces pièces[3] furent offertes, par l'intermédiaire de l'évêque, au roi, qui, en retour, accorda à l'Eglise de Troyes une gratification de 6.000 livres, en exprimant le désir, que sans doute on lui avait suggéré, de voir employer ces fonds à la clôture du chœur de la Cathédrale[4]. Mais, comme ils étaient insuffisants pour couvrir la

---

[1] Cependant, en 1785, on accepta l'offre d'un anonyme « de faire mettre en verre blanc deux vitraux du collatéral du chœur à gauche, en lui abandonnant les anciennes vitres ». (Délib. du Chapitre, 20 avril 1785, registre G 1314, conservé au Secrétariat de l'Evêché.)

[2] D'Arbois de Jubainville, *Pouillé du diocèse de Troyes*, 1853. p. 53-54.

[3] Grosley parle de 212 médailles trouvées dans la vigne des Fallets, au faubourg Saint-Jacques (Abbé Garnier, *les Découvertes numismatiques du département de l'Aube*, 1883). Les comptes du Chapitre ne mentionnent que 112 médailles d'or présentées au roi (Arch. de l'Aube, G 1624, fol. 3).

[4] Les 6.000 fr. furent touchés au Trésor royal. Plusieurs personnes s'entremirent pour faire réussir cette affaire, et il est à supposer que parmi elles se trouvait M. de Boullogne, premier commis du contrôleur général, à qui, conformément aux mœurs administratives de l'époque, le Chapitre donna ordre d'envoyer « quatre grouins de cochon et quatre douzaines de langues », qui lui coûtèrent, avec droits et port, 21 l. (Arch. de l'Aube, G 1624, f° 9).

dépense d'une clôture convenable, il fallut avoir recours à la générosité des chanoines et d'une « personne de piété[1] ». On put ainsi faire marché avec un « serrurier et architecte en fer », nommé Nicolas Chappuis, à Recoulogne, près Besançon, pour faire exécuter et poser aux travées du sanctuaire six grilles de dix pieds de haut, ornées des armes du roi, et deux portes également en fer qui feraient communiquer le sanctuaire avec les bas-côtés. Ces grilles furent forgées d'après des modèles venus de Paris, moyennant la somme de 10.000 l., et les « vieux fers » d'une clôture ancienne[2] que l'on jugeait démodée et hors d'usage.

Il existait alors, derrière le maître-autel, une tribune de style gothique, exécutée en 1521 aux frais de l'évêque Guillaume Parvi. Deux escaliers, aménagés de chaque côté, y donnaient accès et permettaient aux fidèles, les jours de fête, de défiler devant les reliquaires de sainte Hélène et de saint Savinien, qui étaient exposés dans sa partie supérieure. Arnaud croit que cette tribune fut démolie en 1732, à l'époque de la pose des grilles[3]. Nous ignorons sur quels documents s'appuie cette assertion, et nous nous demandons si cette tribune ne doit pas être identifiée à un retable, dont parle l'abbé Maydieu, en 1780 : « Retable tombant en pourriture, chargé de deux tréteaux qui soutenaient les châsses et surmonté d'un second retable, ou plutôt d'une seconde niche où l'on voyait plusieurs anciennes petites choses de religion ; le tout fermant de haut en bas, on ne peut plus maladroitement, l'ogive de derrière l'autel[4]... »

---

[1] Les chanoines Sallé et Lefebvre donnèrent 500 liv. chacun ; d'autres 200 et 100 liv. ; plusieurs abandonnèrent quelques-uns de leurs droits s'élevant à 270 liv. environ. La « personne de piété » donna 300 l. (Arch. de l'Aube, *ibid.*)

[2] Marché de 1727. (Arch. de l'Aube, G. 1308.)

[3] Arnaud, *Voyage archéologique dans le département de l'Aube*, p. 170.

[4] Maydieu, manuscrit de la Bibliothèque de Troyes, fonds Millard, n° 3177. — Délib. cap. du 14 août 1778. — On ne supprimait pas seulement alors les retables du moyen âge, on en abolissait quelques-unes des anciennes coutumes. Le 1er juillet 1778, « Messieurs (les chanoines) ayant observé qu'il était contre la décence de faire garder les châsses de Ste Mathie et les autres, lorsqu'elles

Ce retable n'était pas le seul objet qui offusquât les « gens de goût » de ce temps, où le Chapitre nommait des commissaires, afin de « combiner un plan simple et majestueux » pour la décoration du chœur [1]. Le grand-autel, comme dans presque toutes les cathédrales de France, comme l'avait été celui de Notre-Dame de Paris jusqu'à la fin du règne de Louis XIV [2], était accompagné de quatre colonnes de cuivre, auxquelles se rattachaient des tringles supportant des rideaux qu'on tirait pendant la consécration. Ces colonnes, données en 1543 par l'évêque Odart Hennequin, étaient surmontées chacune d'un ange aux ailes éployées [3]; elles formaient, selon l'abbé Maydieu, par leur petitesse et leur disposition, « un ornement bizarre » qu'on ne pouvait plus tolérer. On hésita, cependant, à les sacrifier; sur l'avis de l'évêque, elles furent placées, accolées deux par deux, en arrière du grand-autel, à droite et à gauche, en attendant qu'on les vendit au poids pour en appliquer le prix à « une plus belle décoration [4] ».

Le chœur était, il est vrai, encombré par de nombreux tombeaux; le sol du sanctuaire était recouvert de tombes d'airain, de lames de cuivre artistement burinées, de grandes dalles de marbre noir, qui indiquaient les sépultures d'évêques des XIII°, XIV° et XV° siècles, tels que Nicolas de Brie, mort en 1269, dont l'effigie était gravée sur airain,

---

sont descendues, par des séculiers qui distribuent des fleurs au peuple et reçoivent dans des bassins les offrandes de ceux qui viennent prendre de ces fleurs après les avoir fait toucher auxdites châsses, ont arrêté que cet usage serait désormais supprimé; que ces châsses seraient gardées par un ecclésiastique en surplis..., et qu'il n'y aurait plus ni fleurs à distribuer, ni bassins à recevoir les offrandes, ni exposition du bras de saint Adérald, dans la chapelle de Sainte-Mathie ». (Délib. capitulaires, registre conservé au secrétariat de l'Evêché, G 1313, f° 761.)

[1] Délib. cap. du 25 septembre 1778. — Il en fut de même à Bourges. Voir les savantes études de M. J. Pierre sur le chœur de la cathédrale de Bourges dans les volumes de la *Réunion des Sociétés savantes des départements*, de 1897 et 1899.

[2] G. Brice, *Description de Paris*, 1726, t. IV, p. 212.

[3] Arnaud, p. 170.

[4] Délib. cap. des 23 juin et 21 juillet 1779. — Arnaud, p. 170.

Henri de Poitiers, Louis et Jacques Raguier[1]. Dans le chœur
se dressaient les mausolées d'un gouverneur de Troyes et de
son fils, le maréchal de Choiseul-Praslin et Roger de Choiseul-
Praslin ; comme ils nuisaient aux cérémonies du chœur, on
voulut les déplacer en 1732 ; mais on se heurta à une opposi-
tion de la famille, qui obtint un arrêt du Conseil ordonnant
leur maintien[2].

Ce fut seulement en 1778 qu'on put songer à remédier à
cet état de choses qu'on jugeait défectueux. Grâce à l'initia-
tive et à la générosité du chanoine Bouczo, à qui s'associèrent
l'évêque, le chanoine Biart et d'autres membres du Chapitre,
on réunit les fonds nécessaires pour exécuter « une décoration
proportionnée à la beauté de l'édifice ». Trouva-t-on, comme
l'a raconté Courtalon, quelques ressources complémentaires
dans la vente d'un christ qui s'élevait au-dessus de l'autel de
la chapelle du Sauveur ? Ce christ, qui remontait à une
époque très éloignée et qui passait pour avoir été donné par
Charlemagne, avait cinq pieds de haut Il était vêtu d'une
robe et portait une couronne royale sur la tête ; comme il
avait été peint en noir à l'époque de la guerre de Cent ans,
on en ignorait la valeur intrinsèque, lorsqu'un ouvrier,
l'ayant heurté par mégarde avec une échelle, se serait aperçu
qu'il rendait un son métallique. On aurait reconnu qu'il était
en argent. et le Chapitre en aurait appliqué le prix aux embellissements projetés. Cette anecdote pourrait bien n'être
qu'une légende, car le registre des délibérations se borne à
dire qu'en déplaçant ce christ, on le trouva « vermoulu dans
la plus grande partie ». à tel point qu'une fraction du corps
se détacha en laissant apercevoir des boîtes qu'on jugea rem-

---

[1] Arnaud, p. 170. — Arnaud indique aussi celles de Jean d'Auxois (lame d'airain en partie rompue), de Pierre d'Arcies, mort en 1395, d'Etienne de Givry
(1426), et du doyen Pierre de Molay (1333).

[2] *Mém. de la Soc. Acad. de l'Aube*, 1871, p. 125-144. Coffinet, *Doc. hist.
sur les mausolées des de Choiseul-Praslin...* La statue du maréchal de
Choiseul, qui a été transportée au Musée de Troyes, a été dessinée par
Gaussen, d'après Arnaud, dans l'*Annuaire* de 1856.

plies de reliques. On se préoccupa de la vérification des reliques, mais le mauvais état de la statue nécessita, dit-on, « de la supprimer[1] », sans souci de sa haute antiquité et de l'intérêt qu'elle pouvait présenter au point de vue archéologique.

Une destruction plus déplorable encore fut celle du tombeau de l'évêque Hervé, le fondateur de la Cathédrale. Ce tombeau, « placé au pied de la chapelle de Notre-Dame », portait la figure de l'évêque en relief, couchée par terre, au milieu d'un portique ou arc de triomphe, d'architecture arabesque, cantonné de figures et entouré d'un cadre contenant l'épitaphe d'Hervé; « le tout d'un seul jet de fonte verte de huit pieds de long sur cinq de large et un pied d'épaisseur ». Ce précieux monument, malgré les souvenirs qu'il rappelait, malgré sa valeur artistique et archaïque, fut déplacé et vendu au poids à un fondeur, moyennant la somme de 1.200 liv. [2]

---

[1] Arnaud, p. 174-175. — Coffinet, *Mém. de la Soc. Acad. de l'Aube*, 1866, p. 16. — Dél. cap. du 28 juillet 1779. — Courtalon (t. II, p. 120) parle de la disparition de ce christ, sans dire qu'il était en argent. Peut-être était-il en bois recouvert d'une feuille d'argent?

[2] En octobre 1778, Grosley, *Mémoires sur les Troyens célèbres*, t. I, p. 480 à 484. Malheureusement, les comptes de la fabrique de Saint-Pierre manquent de 1770 à 1784 et ne permettent pas de contrôler cette assertion. Les délibérations du Chapitre (G 1313) ne parlent pas de cette aliénation; cependant Grosley dit qu'on plaça pour la première fois, en 1777, le reposoir du Jeudi-Saint dans la chapelle Notre-Dame, afin d'avoir un prétexte pour enlever le tombeau, et nous voyons que le Chapitre décida, le 26 mars 1777, que « le reposoir serait fait cette année en la chapelle Notre-Dame ». Grosley dit, sans doute dans une intention de dénigrement, que l'aliénation du tombeau d'Hervé avait eu pour but de subvenir à diverses dépenses, et notamment au désir « de prendre un suisse et de le harnacher à l'instar de celui de la Cathédrale de Paris ». Le fait est que ce fut en juillet 1778 que le Chapitre décida d'établir un « suisse à toujours... pour pourvoir au respect dû au saint lieu ». Il fut décidé que, pour remplir cette place, on ne prendrait jamais qu'un Suisse de nation, de la taille au moins de cinq pieds six pouces, et sortant autant que faire se pourra du service du roi. « Il faudra, ajoutait-il, pour être reçu, qu'il sache lire et écrire. » On arrêta qu'il aurait un grand et un petit habit, en drap rouge « conformément au fond des armes du Chapitre », avec brandebourgs, galons et jarretières d'argent. Le baudrier, la hallebarde, la canne et l'épée furent demandés à Paris. Ses gages furent fixés à 400 ou 500 livres, outre le logement. (Dél. cap. des 17 et 22 juillet, 11 août 1778,

Quant aux monuments funéraires des évêques qui garnissaient le chœur, « pierres cassées et rongées de vétusté, tombes défigurées », on permit à Bouczo et à Biard d'en disposer, à la condition de faire graver sur les carreaux qui les remplaceraient le nom des évêques dont ils recouvriraient les restes [1]. Les nouvelles dalles, en marbre de diverses couleurs, furent disposées en losanges, en croisé ou en hexagone. Comme on ne pouvait détruire les tombeaux des Choiseul-Praslin, on déplaça l'un d'eux [2] pour remédier à « l'irrégularité du coup d'œil » qu'on trouvait « le plus maussade et le plus révoltant », et qui provenait de leur situation. Il paraît que l'un des deux « écrasait » l'autre, quoique celui-ci fût plus élevé de six pieds [3].

Le chœur était fermé à cette époque par un jubé en pierre, construit au xiv° siècle par Henri Soudan et Henri de Bruisselles [4]. Ce jubé présentait sur sa façade cinq arcades ogi-

---

Reg. 1313. — Lalore, *Le premier suisse de la Cathédrale de Troyes. Mélanges liturgiques*, t. II, p. 53.) D'après des notes que M. Le Clert a bien voulu me communiquer, il y avait à Troyes des suisses à Saint-Pantaléon dès 1703, et à Saint-Jacques en 1740. Le suisse de Saint-Pantaléon ne touchait que 24 l. par an en 1771 ; celui de Saint-Jacques portait l'épée et la hallebarde argentée. (Arch. de l'Aube, 19 G. 106 et 274.)

[1] On dut mettre seulement *N. episcopus obiit anno...* Les tombes d'airain étaient au nombre de quatre. (Dél. des 13 et 20 mars 1778.) En 1864, lors des réparations du chœur, des fouilles furent faites sous le dallage, et l'on reconnut les anciens sarcophages des évêques. Un rapport détaillé sur ces fouilles fut rédigé par l'abbé Coffinet et publié dans les *Mém. de la Société Académique de l'Aube*, année 1866, p. 12 à 40.

[2] Le consentement du duc de Praslin fut donné « de tout cœur » à ce déplacement, qui fut effectué, moyennant 400 l., par le marbrier Feuillat. Le tombeau du maréchal de Praslin fut transféré du côté gauche du chœur au côté droit, vis-à-vis de celui de son fils. (Dél. cap. des 1er et 17 août 1778.)

[3] Ces détails et ceux qui suivent sont empruntés à deux mémoires du chanoine Maydieu, insérés dans l'*Almanach de la ville de Troyes* pour 1783 (p. 186 à 193), dans celui de 1788 (p. 194 à 199), et au manuscrit original de ces mémoires, adressé à Simon par Maydieu en octobre 1780, et qui ne fut pas reproduit intégralement dans l'*Almanach*. Les passages non insérés de ce manuscrit sont inédits, et nous donnons les plus importants d'entre eux. (Bibliothèque de Troyes, catalogue Millard, 3177, n° 14.)

[4] Arnaud, p. 158. Arnaud a publié le texte du marché qui fut passé à ce sujet avec ces « maçons » en 1382.

vales, et celle du milieu, qui servait de porte, était décorée
de deux statues de saint Pierre et de saint Paul, de grandeur
naturelle. Comme on n'avait pas les ressources suffisantes
pour le démolir, on se contenta de faire sauter les deux
grandes portes de bois vermoulu, placées « aux deux se-
condes ogives des deux côtés du jubé » ; elles étaient surmontées de deux grillages à fuseaux, qui, selon l'abbé
Maydieu, « avaient l'air de deux claires voies, plus propres à
placer à l'entrée d'un potager qu'à servir de perspective dans
une cathédrale ». Cette suppression fut étendue « à toutes les
grilles de la même espèce qui déparaient si fort les chapelles
qu'on voyait à l'entrée du chœur et qui jetaient un sombre,
un noir si désagréable dans toute cette partie de l'église ».
Deux de ces chapelles furent démolies en même temps,
parce qu'on les trouvait « du goût le plus mesquin et dans
le plus mauvais état[1] ».

L'escalier du jubé donnait accès à l'orgue, qui était placé
en encorbellement au-dessus de la première arcade du côté
gauche du chœur. Cet orgue, donné par l'évêque Raguier
en 1483, était accompagné d'un auvent qu'on disait être du
plus mauvais goût et de la plus grande inutilité. On le fit
donc disparaître ainsi que « les grands châssis qui servaient
à fermer l'orgue et qui n'offraient aux yeux, quand ils étaient
ouverts, que deux tableaux très grossièrement peints » représentant saint Pierre et saint Paul. « Le châssis, ou plutôt
le double étui du petit buffet de l'orgue, ajoute l'abbé
Maydieu, présentant le même désagrément, disparut par la
même raison[2] ».

Si l'on respecta les vingt-six stalles hautes et les dix-huit
stalles basses posées en 1529 et en 1530, on les fit remettre
en couleur et recouvrir d'un vernis transparent, pour remédier à l'obscurité que leur teinte sombre avait répandue dans

---

[1] Man. de Maydieu. — Dél. du 29 mai 1779.

[2] Man. de Maydieu. L'enlèvement du chapiteau et des volets de l'orgue fut
décidé le 9 mai 1779, sous le prétexte qu'ils étaient inutiles et désagréables.
(Reg. 1313.)

le chœur[1]. On garnit de panneaux de menuiserie les quatre extrémités des hautes stalles, qui étaient antérieurement garanties du vent par une tapisserie[2]. Depuis longtemps, on plaçait, l'hiver, au-dessus de ces stalles, quatre grandes tapisseries données par l'évêque Raguier et représentant des épisodes de la vie de saint Pierre ainsi que les figures des évêques de Troyes canonisés[3]. A coup sûr, on conserva le trône épiscopal, posé en 1756, que l'on regardait comme un « bon morceau de menuiserie et de sculpture fait par Pierre David, menuisier à Troyes ». On admirait, sur le couronnement du dais, « deux anges en relief, tenant l'un une mître, l'autre un bâton pastoral[4].

Le grand autel du xvie siècle ayant été proscrit, ou le remplaça par un autel du style grec alors à la mode, qui fut exécuté en marbre d'Italie, par Feuillat, sur les dessins d'un architecte de Paris, peut-être originaire de Troyes, Jean-Henri Gentilz, qu'on serait disposé à rattacher à la famille du célèbre sculpteur François Gentil. Henri Gentilz dirigea, en qualité d'inspecteur des travaux, la construction du nouveau bâtiment de l'abbaye de Notre-Dame-aux-Nonnains, qui fut inauguré le 30 avril 1778. C'était un jeune homme de vingt-deux ans, car il était né en 1756[5] ; mais on n'hésita pas à lui confier le dessin du maître-autel, dont une aquarelle, que nous reproduisons, a été conservée pendant longtemps dans le cabinet de l'abbé Roisard, curé de la Cathédrale. Cet autel, qui existe encore aujourd'hui et qui a échappé aux restaurations archéologiques de l'édifice, est, comme on peut en juger, d'un goût correct et noble qui malheureusement ne s'accorde pas avec l'ensemble de l'ar-

---

1 *Almanach* de 1788, p. 197.

2 Dél. cap. de septembre 1786.

3 Arnaud, p. 173.

4 Man. de Courtalon, 2800, p. 53.

5 Jean-Henri Gentilz mourut en 1789 et fut inhumé au cimetière de l'église de Montmartre. Il laissait une veuve et un fils, qui mourut en 1815. (*Archives de l'Art français*, t. II, p. 11.)

chitecture du chœur. Pour y placer les principales reliques qu'on vénérait dans l'église et les exposer, on fixa sur le devant de l'autel de grandes glaces qu'on découvrait les jours de fêtes[1]. « Le dessous de l'autel, dit l'abbé Maydieu, est garni d'une boiserie très propre, peinte en rouge pour mieux réfléchir la lumière et mettre sous un plus grand jour les châsses... qu'on a soin de tenir couvertes, les jours ordinaires, au moyen de trois châssis proportionnés aux ouvertures et garnis de parements analogues à la couleur des ornements dont on doit se servir. »

Dans la pensée de l'architecte, l'autel devait être surmonté d'un groupe formé de la Vierge soutenant le Christ mort, au pied de la croix. Ce groupe, visiblement inspiré de celui que Guillaume Coustou avait sculpté pour le maître-autel de Notre-Dame de Paris, ne fut pas exécuté. Les fonds dont le Chapitre disposait ne lui permirent pas de compléter la décoration de l'autel telle qu'on la concevait. « On s'apercevra peut-être au premier coup d'œil, dit Maydieu, qu'il est trop blanc, trop uni, qu'il faudrait en garnir les cadres et les moulures d'ornements en cuivre doré; qu'il faudrait sur le retable six beaux chandeliers et deux anges adorateurs, ou peut-être mieux que tout cela, deux grandes et belles cassolettes; que le pied de croix est fait en marbre pour porter une grande et belle croix de six pieds de haut sur quatre pouces de large, afin qu'elle fût proportionnée à la grandeur de l'autel. » Les cassolettes figurent, en effet, dans le dessin de Gentilz, qui avait peut-être jugé plus conforme au goût contemporain de placer les chandeliers par terre que de les mettre sur le retable.

La question de la croix ne fut pas résolue sur-le-champ ; en 1781, on en demandait « des plans » à Paris ; l'année

---

[1] « Il y en a trois, dit Maydieu : celle du milieu de 19 pouces de haut sur 4 pieds 6 pouces de base ; les collatérales de 19 pouces sur 14. Celle de derrière est plus large parce qu'elle est destinée à introduire les châsses ; elle est fermée par une porte en fer grillée en losanges. » (Man.) Les dépenses pour ces glaces furent votées le 21 août 1780 par le Chapitre.

suivante, on adoptait celui qu'avait envoyé Goutière, sans doute le célèbre ciseleur, et l'on décidait que deux anges adorateurs seraient placés sur les gradins de la croix. Mais cette délibération du Chapitre n'eut pas d'effet immédiat, car, en 1784, on priait l'évêque, en s'en rapportant à son goût, de la faire exécuter à Paris, sous ses yeux, en le laissant maître de comprendre dans cette dépense les 600 francs qu'il avait promis de donner chaque année à l'église[1].

Ce fut seulement en 1787 que, grâce à l'inépuisable générosité de Bouczo, l'autel fut décoré d'ornements de bronze doré d'or moulu. « D'après les avis des plus célèbres artistes », il fut fait marché, en février 1788, avec Olivier, ciseleur-doreur à Paris, pour la façon et la pose de ces ornements, moyennant la somme de 2.500 l. sur lesquelles Bouczo en fournit 1.900. Selon les termes du traité, ce travail était terminé au mois de juin, époque à laquelle le Chapitre accorda une gratification de trois louis à l'ouvrier qui avait posé les bronzes[2]. « On remarque avec plaisir, disait l'*Almanach* de 1788, la finesse et la délicatesse de l'ouvrage, et surtout le gradin artistement découpé en feuillages de vigne. »

L'évêque avait donné en même temps que la croix six chandeliers. On ne pouvait s'en contenter, et l'on annonçait en 1788 que l'année suivante, toujours grâce à Bouczo, douze autres chandeliers du plus vil métal feraient place à deux beaux candélabres à six branches de cuivre surdoré[3].

D'autres modifications furent faites dans les bas-côtés du chœur; on démolit les chapelles de Sainte-Anne et de Saint-Hyacinthe, placées dans les premières travées, parce

---

[1] Dél. cap. des 12 déc. 1781, 3 avril 1782, 22 oct. 1784.

[2] Dél. cap. des 28 février et 25 juin 1787. Bouczo avait d'abord voulu faire exécuter un autel en marbre « sous la coupole » (?), près de l'entrée du Chapitre; mais le Chapitre avait sans doute craint que cet autel ne nuisît « au bon goût des décorations. » Bouczo avait alors offert pour les ornements du grand autel 1.200 l. qu'il porta par la suite à 1.900 l. (Dél. 24 nov. 1786 et 1er fév. 1787, Reg. G. 1314.) Ces cuivres, notamment ceux du gradin, où les feuillages sont accompagnés de raisins, existent encore aujourd'hui.

[3] *Almanach de Troyes* pour 1788, p. 197.

qu'on les jugeait du « goût le plus mesquin » et qu'elles étaient « dans le plus mauvais état ». Le chanoine Bouczo fit aussi voûter à ses frais deux travées des bas-côtés, « dont le défaut de voûte, dit l'abbé Maydieu, ajoutait à l'imperfection du vaisseau le désagrément d'une froidure excessive[1] ». Le chanoine Biart fit la dépense de la décoration de la chapelle des Saints-Anges, située également dans le bas-côté, et en fit faire la boiserie, l'autel, le tableau et la balustrade; il donna un autel et une boiserie à la chapelle de Saint-Nicolas, une grille à celle de Saint-Louis[2]. Le chanoine Danton se chargea plus tard d'embellir la chapelle de Sainte-Mâthie. « On a lieu d'espérer, disait-on en 1788, que toutes les chapelles, décorées successivement sur le même plan, ne présenteront plus les tristes ruines qui blessent la vue[3]. »

Pour compléter la décoration du sanctuaire, le chanoine Bouczo fit dorer à ses frais les grilles qui environnaient la partie supérieure du chœur. Elles étaient au nombre de huit, depuis qu'on avait remplacé par deux nouvelles grilles la lourde maçonnerie qui masquait la vue du sanctuaire du côté des deux portes latérales[4], maçonnerie récemment élevée, qui avait suscité les railleries de Grosley[5]. L'abbé Maydieu émettait le vœu que Bouczo fît dorer de même « la grande grille qu'on devait bientôt poser derrière le maître-autel, et dont le couronnement devait être beaucoup plus considérable que

---

[1] Dél. du 7 avril 1780. — Bouczo fit exécuter plus tard deux voûtes qui restaient à faire dans la nef. Le Chapitre, reconnaissant de ses dons qui dépassèrent 20.000 l., fit peindre les armes de Bouczo avec les siennes sur le plancher qui couvrait l'ouverture des deux voûtes des tours. (Délib. cap. du 19 juillet 1786 et du 29 juin 1787.) L'air ne pénétrait que trop facilement dans l'église; car, en 1785, on fit fermer par des planches deux fenêtres situées au-dessus des grandes portes, et dont les ouvertures donnaient un froid excessif. (Dél. du 31 décembre.)

[2] Dél. des 16 janvier 1782 et 2 juillet 1784. — On accorda à Biart une petite statue en albâtre qui se trouvait dans la chapelle des fonts. (11 mars 1785.)

[3] *Almanach de Troyes* pour 1788, p. 194.

[4] *Almanach de Troyes* pour 1788, p. 196. — Par dél. du 12 septembre 1778, on démonte une des portes latérales pour recevoir une grille.

[5] *Ephémérides*, t. II, p. 202.

celui de toutes les autres ». Cette grille était-elle semblable à celles dont Gentilz. dans son dessin, avait l'intention de garnir les travées adjacentes au maître-autel, ou ces grilles, d'un modèle Louis XVI très élégant, sont-elles restées à l'état de projet[1] ?

Si les modifications réalisées avaient été considérables, on regrettait de n'en pouvoir faire davantage. « Pour rendre la décoration de la Cathédrale aussi parfaite qu'elle pourrait l'être, il faudrait abattre le jubé, dit l'abbé Maydieu, n'en conserver que deux simples ambons, l'un à droite, l'autre à gauche, pour l'épître et l'évangile, et les réunir par une magnifique grille placée au milieu ; on pourrait accompagner ce changement de deux belles chapelles adossées de part et d'autre aux ambons et finir l'embellissement par quatre grandes grilles de fer bien dessinées et bien ornées qu'on placerait, deux de chaque côté, sous les ogives de la partie supérieure de la croix de la nef qui forment l'entrée du tour du chœur. » On avait, comme on le voit, un véritable engouement pour les grilles, qu'on réussissait d'ailleurs à merveille au xviii° siècle, à en juger à Troyes par la belle grille de l'Hôtel-Dieu, comme par les grilles de Nancy et de Besançon.

Mais là ne s'arrêtaient pas les désirs des chanoines et des soi-disant gens de goût de l'époque. Si, grâce à un nouveau don de 2.400 l. fait par Bouczo, l'on avait pu faire blanchir, en trois mois, par des ouvriers italiens [2], moyennant 4.400 l., le chœur et la nef de la Cathédrale, on reculait devant la suppression « de toutes les petites figures sculptées dans des cadres de pierre que la piété de nos pères, dit Maydieu, avait cru pouvoir servir à l'embellissement de la nef et à l'édi-

---

[1] Une délibération du 4 août 1780 décide que, pour terminer les embellissements du chœur, le mur qui ferme le côté derrière l'autel sera démoli, et qu'on travaillera sans délai à la perfection de la grille de côté.

[2] Bouczo et Félix choisirent entre les différentes teintes de blanc qu'on proposait. Branca et ses associés furent aussi chargés de « l'entretien du blanc de l'église ». (26 février et 8 avril 1779, 8 mars 1782.)

fication des fidèles, mais qu'un goût plus épuré ne voit qu'avec peine défigurer les magnifiques piliers de cet auguste et superbe vaisseau, par la grossièreté des traits, le ridicule des costumes, le burlesque des attitudes et la bizarrerie de la plupart de ces groupes, de ces cadres si déplacés ».

Qu'était-ce donc que ces groupes qui excitaient un tel dédain? Arnaud nous apprend qu'ils dataient du xvie siècle et que leurs figures, « de proportion quart de nature », représentaient presque toutes des épisodes de la vie des saints honorés par l'Eglise de Troyes. N'étaient-ils pas sortis, pour la plupart[1], du ciseau des artistes qui avaient précédé Dominique et Gentil, et qui avaient fait fleurir à Troyes les procédés et le style de l'Ecole flamande dont ils avaient ressenti l'influence? Le ridicule des costumes, le burlesque des attitudes, qui choquaient tant les amateurs du xviiie siècle, n'était-ce pas un des reproches qu'on pouvait faire alors à cette école, qui représentait les personnages de l'histoire sacrée sous des costumes contemporains et dans des attitudes empruntées à la vie réelle? Et si l'on se représente l'état d'esprit d'un soi-disant connaisseur du temps de Louis XVI, n'aurait-il pas parlé avec le même mépris des ravissants bas-reliefs de l'Ecole flamande, qui garnissent encore de nos jours le pourtour extérieur du chœur de la Cathédrale d'Amiens?

Nous savons qu'un sculpteur, nommé Nicolas Halins, qui paraît être d'origine flamande, décora, de 1523 à 1527, de nombreux bas-reliefs les portails de la façade de la Cathédrale. Sur ces deux portails, il représenta principalement des « histoires » de la vie de saint Pierre et de saint Paul. Ces sujets devaient vraisemblablement se trouver dans les tympans, et cependant, on n'en voit aucune trace, ni dans la vue du

---

[1] Contre le premier pilier de la nef, on remarquait un groupe représentant saint Pierre pleurant, regardé par Jésus-Christ, fait aux dépens du chanoine Sifflet, en 1619, et au-dessous duquel étaient inscrits deux vers latins où se trouvait un jeu de mots sur le nom du donateur. (Courtalon, II, 124. — Arnaud, p. 141). Ce groupe était-il un bas-relief et ne différait-il pas comme facture des autres?

grand portail de la Cathédrale, dessinée par Linard Gontier, en 1620, dans l'un des charmants vitraux de l'Arquebuse conservés à la Bibliothèque de Troyes, ni dans le frontispice d'un Bréviaire troyen [1], représentant la même partie de l'édifice et gravé au commencement du XVIIIe siècle? Qu'étaient devenus ces bas-reliefs, qui étaient au nombre de vingt-cinq? N'est-il pas vraisemblable de supposer qu'on les avait enlevés pour les soustraire aux dommages que pouvaient leur faire subir la pluie et les intempéries de l'air, à l'exposition du couchant, et n'est-il pas permis de conjecturer que, pour les mettre à l'abri, on les avait transportés dans l'intérieur de l'église, où on les avait fixés contre les piliers de la nef?

La plupart d'entre eux figuraient des scènes de la vie de saint Pierre et de saint Paul, et nous avons vu qu'Arnaud disait que les bas-reliefs représentaient des sujets tirés de la vie des saints honorés par l'Eglise. Or, saint Pierre et saint Paul en étaient les patrons. Maydieu parle de la bizarrerie des groupes. Or, à en juger par les énoncés des comptes du XVIe siècle, quelques-uns d'entre eux pouvaient justifier cette appréciation. Ainsi, l'on voyait dans plusieurs bas-reliefs Simon Magus « se rompant le col en cuidant voler », saint Pierre déliant les chiens de Simon Magus, qui se jetaient sur lui et déchiraient sa robe ; ailleurs, saint Paul dévalant dans une corbeille par-dessus les murs de Damascène, saint Paul battu de verges et chassant le diable du corps d'une femme nommée Philippinienne... On voyait aussi, ailleurs, Job battu du diable et Jonas sortant du ventre de la baleine [2]. La singularité de ces sujets ne pouvait s'accommoder avec la correction classique, et si les personnages étaient, comme c'était encore l'usage à cette époque, revêtus de costumes du temps de Louis XII et de François Ier, rien de surprenant que les chanoines, qui partageaient les doctrines d'art du temps de Louis XVI, en aient été scandalisés.

---

[1] *Breviarium Trecense*, 1718. Gravure de Duflos, d'après Herluyson.

[2] L. Pigeotte, *Etude sur les travaux d'achèvement de la Cathédrale de Troyes*, p. 113 à 119.

Nicolas Halins est un des sculpteurs qui ont le plus travaillé à Troyes pendant la période de la première renaissance française. Nous ne connaissons de lui avec certitude que deux petits groupes d'hommes et de femmes sculptés en « rondeaux » sur la face extérieure du merveilleux jubé de Sainte-Madeleine. Ces personnages, de dimensions restreintes et revêtus de costumes bourgeois de l'époque, sont traités avec plus d'aisance que de noblesse ; mais ils ont le charme de la vérité naïve et sans prétention, qui peut séduire davantage que l'art où l'on sent la tradition d'école. De ces petits groupes, que l'extrême richesse de l'encadrement réduit à une importance accessoire, ne pourrait-on par induction arriver à attribuer à leur auteur l'admirable groupe de la Visitation de l'église Saint-Jean, qui a été si visiblement imité sur l'un des panneaux du superbe jubé en bois de l'église de Villemaur ?

Pour en revenir aux bas-reliefs de la cathédrale, ils furent respectés en 1780 par le Chapitre, parce que l'on craignit en les enlevant de dégrader les piliers et de causer, en les ébranlant, « des malheurs dont la seule possibilité devait effrayer [1] ». Mais « pour corriger, ajoute Maydieu, la difformité des bas-reliefs autant qu'il était possible, pour les rendre plus décents et d'un aspect plus supportable, M. le Doyen les fit à ses frais nettoyer et repeindre par un peintre italien, ainsi que le tableau qu'on voit sur le mur extérieur du jubé, le Christ de la chapelle Saint-Adérald et les statues qui sont dans l'intérieur du sanctuaire et qu'on aurait enlevées comme les autres si la crainte de dégrader les piliers n'en eût empêché le Chapitre. »

Il est très vraisemblable, d'après ce qui précède, que les sculptures avaient été revêtues depuis longtemps de peintures polychromes, sans nul doute endommagées par le temps, et que le Doyen les fit repeindre en blanc en conservant les ornements dorés dont Arnaud fait mention dans sa descrip-

---

[1] Le Chapitre demanda, en 1788, à l'évêque de permettre l'enlèvement des *ex-voto* qui étaient aux piliers de la nef. (Dél. du 1er juillet.)

tion de la Cathédrale[1]. Les statues du chœur étaient au nombre de huit et représentaient des évêques de Troyes qui avaient été canonisés; les dais qui les recouvraient subsistèrent après leur destruction, en 1794, et portaient encore, en 1835, des traces de peinture et de dorure[2].

Ce fut surtout de 1778 à 1782 que se réalisèrent la plupart des transformations suscitées par le Chapitre, qui fit aussi procéder en 1782 à la refonte de six cloches. Cette fonte, qui devait donner cinq cloches nouvelles, s'opéra sur la place Saint-Pierre, dans une enceinte de planches fournies par le Chapitre[3]. Vers 1787, de nouveaux travaux de réfection et de décoration furent projetés et entrepris, mais ils ne tardèrent pas à être entravés et suspendus par les événements politiques.

La Terreur réalisa violemment plusieurs des vœux exprimés par Maydieu et par le doyen; elle démolit le jubé, elle arracha les bas-reliefs des piliers, elle renversa les statues du chœur des culs-de-lampe qui les supportaient. Ces destructions eurent lieu en 1794[4], à l'époque où la Cathédrale, convertie en Temple de la Raison, servait de théâtre aux réunions et aux fêtes révolutionnaires, où l'orfèvre Rondot dépeçait les magnifiques tombeaux des comtes de Champagne pour en faire vendre le métal au profit de la République; cet acte de vandalisme, beaucoup plus regrettable, au point de

---

[1] En 1786, « des gens malintentionnés dégradèrent certains ouvrages de peinture et de sculpture, appliqués à un des piliers de la nef, à gauche, et mutilèrent quelques-unes des figures en relief qui y étaient placées. » Le Chapitre, qui s'indigna de « cette espèce d'attentat », fit faire des recherches pour découvrir les coupables; et cependant, en 1788, Maydieu exprimait le vœu de voir disparaître ces bas-reliefs, qu'on avait reconnus ne pas faire corps avec la masse, affirmant que le Chapitre se prêterait facilement à cette « suppression de peu d'importance ».

[2] Arnaud, p. 165.

[3] Dél. cap. du 13 sept. 1782. Les cloches furent bénites le 24 décembre. Sur ces cloches, voir *Almanach de Troyes* pour 1783, p. 193 à 198.

[4] Comparot écrivait le 12 février 1795 : « On enlève une très grande quantité de terre de Saint-Pierre. Toutes les chapelles sont, dit-on, détruites, ainsit que le chœur, et tout est de niveau. » (Et. Georges, *La Réaction thermidorienne à Troyes, Annuaire de l'Aube*, 1898, p. 33.)

vue de l'art, que celui qui avait amené en 1778 la fonte des
tombeaux de cuivre des évêques, pouvait avoir son explica-
tion dans l'entraînement politique qui voulait faire table
rase de toutes les traditions du passé. Les mausolées des Choiseul-Praslin furent également démolis par les soi-disant
patriotes qui ne tenaient aucun compte des services rendus par
un maréchal de France qui, dans les quarante-sept batailles
auxquelles il avait assisté, avait eu, suivant son épitaphe,
huit chevaux tués sous lui et reçu vingt-deux blessures[1].

Quelques fragments de ces mausolées ont du moins été
conservés au Musée[2] et peuvent encore faire apprécier la
valeur de ces monuments ; les petites plaques d'émail champ-
levé qu'on a recueillies des tombeaux des comtes ne font
qu'augmenter les regrets que cause leur destruction. Mais il
ne reste rien des statues du chœur[3] et des bas-reliefs de la
nef ainsi que du jubé. Au moins l'enlèvement du jubé et de
l'orgue qui lui était adjacent pouvait-il, jusqu'à un certain
point, se justifier par la profondeur qu'il a donnée à la perspective du vaisseau, qui devait se développer désormais avec
plus d'ampleur et d'harmonie. Maydieu n'avait-il pas de-
mandé, en 1788, que des chanoines réunissent les 20.000 l.
nécessaires à la démolition du jubé, afin de « procurer une
percée noble et magnifique ? »[4].

La Cathédrale, qui avait été privée de la plupart de ses
ornements par la Révolution, hérita, après le rétablissement
officiel du culte, des dépouilles de l'église de l'abbaye de
Clairvaux. La grande grille et l'orgue qui en provenaient

---

[1] Coffinet, *Mém. de la Soc. Acad. de l'Aube*, 1871, p. 129. C'est sans
doute aussi à cette époque qu'on démolit un monument funéraire « délicat et
hardi », selon Courtalon, bien qu'il ait été cassé lors de l'incendie de 1700. Il
était connu sous le nom de Tombeau des Anglais, et l'on y voyait représentés
un homme et une femme joignant les mains, vêtus à l'antique, avec d'autres
figures de grandeur naturelle. (Courtalon, t. II, p. 124.)

[2] Le Clert, *Catalogue de l'Archéologie monumentale*, nᵒˢ 173 à 179.

[3] De nouvelles statues, par des artistes modernes, ont remplacé les anciennes, au milieu de notre siècle. (Fichot, t. III, p. 294-295.)

[4] *Almanach de Troyes* pour 1788, p. 197.

n'étaient malheureusement pas en rapport avec l'architecture ; et, pour placer l'orgue devant la grande rosace du portail, qu'il devait masquer, on éleva une large tribune du style le plus lourd et le plus disgracieux. Quant à la grille qui fut érigée à l'entrée du chœur, c'était, comme le dit M. Fichot, un « travail de fer forgé, manié avec beaucoup de souplesse, de goût et d'élégance, mais dont le style Louis XV faisait disparate au milieu de l'édifice » ; on ne saurait cependant la qualifier, comme le faisait Arnaud, de « grille ridicule, d'œuvre de mauvais goût, rappelant ces fils tendus devant les théâtres de figures de bois pour dissimuler ceux qui les font mouvoir[1] ». Mais Arnaud avait raison de dire que cette grille n'était pas à sa place ; et il ajoutait « qu'on pourrait la remplacer avantageusement par une autre en fer fondu, plus en harmonie avec l'édifice ».

Cet auteur qui, le premier, a eu le mérite de publier une étude archéologique détaillée sur la Cathédrale, émettait, en 1835, le vœu de voir « rendre à l'intérieur de cet édifice l'harmonie qu'il pouvait recouvrer par le complément de ses vitraux peints et par la suppression de tous les prétendus embellissements modernes qui le déparaient ». Les circonstances étaient favorables pour la réalisation d'un semblable souhait. La réaction contre l'exclusivisme classique se manifestait dans les arts comme dans les lettres ; et par un singulier contraste, tout en se détachant des traditions du passé, on se montrait plus respectueux de ses monuments qu'aux deux derniers siècles, où les croyances et les doctrines religieuses et monarchiques avaient été prépondérantes. On ne proscrivit plus l'art vraiment national du moyen-âge ; et de toutes parts on s'efforça de consolider et de restituer à leur intégrité primitive les superbes édifices de cette époque, qui sont la plus fière parure architecturale du nord de la France. La Cathédrale de Troyes fut, à partir de 1851, l'objet de réparations importantes où l'on se préoccupa moins de

---

[1] Arnaud, p. 174.

sacrifier au goût du jour que de se pénétrer de la pensée des constructeurs. La vue du chœur fut entièrement dégagée par l'enlèvement de la grille de Clairvaux qui, déposée depuis de longues années contre la paroi de l'entrée d'un des bas-côtés de la nef, attend qu'on lui ait trouvé une autre destination. Si elle ne doit pas concourir à la décoration d'un édifice religieux, espérons, comme M. Fichot[1], qu'elle ne sortira pas de la ville de Troyes, où elle pourrait servir de porte d'honneur au Musée.

Depuis près de trente ans, où les travaux de réfection du chœur ont été terminés, le vaisseau de la Cathédrale apparaît aux regards dans toute sa beauté, malgré les lacunes et les imperfections que présentent certains de ses détails. L'église est classée depuis longtemps parmi les monuments historiques, et chaque année, des crédits sont affectés à des travaux de restauration et d'embellissement. On ne saurait méconnaître la science et le sentiment archéologique qui y président, sans cependant signaler sur quelques points le défaut d'un contrôle suffisant, l'inutilité ou l'inopportunité de certaines innovations, comme par exemple le percement des deux premières hautes fenêtres de la nef qui, moins larges que les autres, étaient destinées à rester obscures, et dont les vitraux modernes, aux ornements médiocres, forment un contraste fâcheux avec le merveilleux ensemble des verrières historiées du xiiie, du xive et du xve siècle de la nef et du chœur.

Tous les monuments du passé ne sauraient être restaurés ; les tombeaux détruits ne peuvent être rétablis ; mais il serait désirable et légitime que des inscriptions sommaires rappelassent les noms des évêques, notamment de l'évêque Hervé, fondateur de l'église, et ceux des comtes de Champagne, Henri le Libéral et Thibaut III, dont les restes reposent sous les dalles de la Cathédrale.

---

[1] *Statistique monumentale de l'Aube*, t. III, p. 455. M. Fichot a fait reproduire par l'héliogravure un beau dessin de cette grille, à la suite de sa remarquable et savante description de la Cathédrale.

Le Perreux   11

DU MÊME AUTEUR:

La Ville sous l'ancien Régime (ouvrage couronné par l'Académie Française), *deuxième édition revue et augmentée,* Paris, Didier et Cⁱᵉ, 2 vol. in-12.

Le Village sous l'ancien Régime, *quatrième édition revue et augmentée,* 1 vol. in-12.

La Province sous l'ancien Régime, 2 vol. in-8º.

La Vie rurale dans l'ancienne France, *deuxième édition revue et augmentée,* 1 vol. in-12.

L'Ecole de Village pendant la Révolution, 1 vol. in-12.

Les Voyageurs en France depuis la Renaissance jusqu'à la Révolution, Paris, Firmin-Didot et Cⁱᵉ, 1 vol. in-12.

Les Artisans et les Domestiques d'autrefois, *2ᵉ édition,* 1 vol. in-12.

Les Bourgeois d'autrefois, *deuxième édition,* 1 vol. in-12.

La Vie militaire sous l'ancien Régime, *deuxième édition,* 2 vol. in-12.

Le Maréchal de Villars, gouverneur de Provence, 1 vol. in-8º.

Paris en 1789, ouvrage illustré de 150 gravures, *cinquième édition,* 1 vol. grᵈ in-8º.

La France et Paris sous le Directoire. Lettres d'une voyageuse anglaise, 1 vol. in-12.

Le Louvre et son Histoire, ouvrage illustré de 140 gr., *quatrième édition,* 1 vol. grᵈ in-8º.

Le Théâtre des Tuileries sous Louis XIV, Louis XV et Louis XVI, in-8º.

Les Anglais en France après la paix d'Amiens. Impressions de voyage de sir John Carr, 1 vol. in-12.

Histoire Locale

Histoire de Troyes pendant la Révolution, 1873-1874, 2 vol. in-8º.

Les Portraits de deux Députés de Troyes au xvᵉ et xvⁱᵉ siècle, in-8º de 11 p. (1 planche.)

Les Rois de France à Troyes au xvⁱᵉ siècle, 1880, 1 vol. in-8º de 84 p.

Henri IV à Troyes, 1879, in-8º de 25 p. (1 pl.)

Les Fêtes de la Paix données par la Ville de Troyes sous Louis XIV, 1876, in-8º de 30 p. (1 pl.)

La Population de Troyes au xvⁱⁱⁱᵉ siècle, 1873, in-8º de 21 p.

La Dauphine Marie-Josèphe de Saxe à Troyes, 1879, in-8º de 19 p.

La Publicité à Troyes il y a cent ans, 1882, in-8º de 14 p.

Le Parlement de Paris à Troyes en 1787, 1 vol. in-8º.

Les Vues d'ensemble de Troyes (7 gravures), 1892, in-8º de 36 p.

Les vieilles Enseignes de Troyes, 1898, in-8º de 43 p.

Histoire des Institutions

Le Guet et la Milice bourgeoise à Troyes, 1879, in-8º de 57 pages.

L'Instruction primaire dans les Campagnes avant 1789, d'après des documents tirés des archives de l'Aube, 1875, in-8º de 86 p.

Le Recrutement territorial sous l'ancien Régime. Etude sur la Milice dans la Champagne méridionale, 1877, in-8º de 47 p.

L'Armement des Nobles et des Bourgeois dans la Champagne méridionale au xvⁱⁱᵉ siècle, 1884, in-8º de 10 p.

Une Corporation d'arts et métiers à Troyes. Les Tondeurs de grandes forces, 1883, in-8º de 13 p. (1 pl.)

La Représentation du Tiers-Etat aux assemblées pour la rédaction des coutumes au xvⁱᵉ siècle, in-8º de 10 p.

Les Préambules des Ordonnances royales et l'opinion publique, in-8º de 64 p.

Le Théâtre de l'ancien Collège de Troyes, 1881, in-8º de 44 p.

Les Académies de musique de Troyes, 1883, in-8º de 19 p.
L'Assemblée d'Election et le bureau intermédiaire de Troyes, 1873, in-8º de 40 p.
L'Assemblée d'Election de Bar-sur-Aube, 1873, in-8º de 38 p.
Les Transports publics de Troyes à Paris, 1887, in-8º de 43 p.

Biographie. — Mélanges

Un Marchand de province sous Henri IV, 1883, in-8º de 15 p.
Un Maître de chapelle sous Louis XIII. Etienne Bergerat, 1890, in-8º de 32 p. (1 pl.)
Un Magistrat de province sous Louis XIV, 1887, in-8º de 15 p.
Imprimeurs, Libraires et Relieurs troyens d'autrefois (1623-1725), 1884, in-8º de 27 p.
Le frère de Grosley et ses enfants, 1879, in-8º de 8 p.
Grosley Etudiant, 1887, in-8º de 21 p.
Grosley Magistrat, 1882, in-8º de 15 p.
Les Correspondants de Grosley, 1883, in-8º de 36 p.
La Louptière, le Poète Champenois, 1881, in-8º de 15 p.
L'Exhumation de Voltaire, 1874, in-8º de 11 p.
L'Académie de Troyes et les auteurs des mémoires publiés sous son nom, 1887, in-8º de 30 p.

Arts. — Archéologie

Saint-Urbain de Troyes, 1891, in-8º de 71 p. (3 pl.)
Les Prédécesseurs de François Gentil, 1879, in-8º de 25 p. (2 pl.)
Notes sur Dominique et Gentil, 1876, in-8º de 15 p. (2 pl.)
Dominique Florentin, sculpteur du xviᵉ siècle, mémoire lu à la Sorbonne, Paris, Plon, 1877, in-8º de 39 p.
Jacques Juliot et les Bas-reliefs de l'église Saint-Jean de Troyes, 1886, in-8º de 23 pages.
Un Bas-relief de l'ancien couvent des Cordeliers et le sculpteur Jubert, 1887, in-8º de 11 p. (1 pl.)
Ninet de Lestin, peintre troyen, 1882, in-8º de 21 p. (1 pl.)
Linard Gontier et ses fils, peintres verriers, 1888, in-8º de 55 p. (2 pl.).
Nicolas Mignard, sa vie et ses œuvres. 1895, in-8º de 29 p. (2 pl.)
Deux collectionneurs de province. Nicolas Bonhomme; l'abbé Coffinet. 1884, in-8º de 34 p.
L'Hôtel-Dieu-le-Comte au xviᵉ siècle, 1877, in-8º de 22 p. (1 pl.)
Les Anciennes Tourelles des maisons de Troyes, 1881, in-8º, 15 p. (1 pl.)
Les Galeries Anciennes des maisons de Troyes, 1884, in-8º, 12 p. (2 pl.)
La Construction de l'Hôtel-Dieu de Troyes, 1875, in-8º de 31 p.
Du Buisson-Aubenay. Voyage d'un archéologue dans le sud-ouest de la Champagne, 1886, in-8º de 49 p.
L'Eglise Saint-Pantaléon de Troyes, 1881, in-8º de 46 p. (1 pl.)
Le Château de la Chapelle Godefroy, 1875, in-8º de 33 p.
Le Château de Brienne, 1877, in-8º de 21 p.
Le Château de Pâlis et sa Bibliothèque, 1879, in-8º de 14 p.
Le Château de Spoy et les Comtes d'Estaing, 1893, in-8º de 10 p.
Le Château de Villacerf et ses Seigneurs, 1897, in-8 de 42 p. (3 pl.).
Le Mobilier des Chanoines de Saint-Etienne de Troyes du xivᵉ au xviᵉ siècle, 1879, in-8º de 14 p.
La Maison de François Pithou, 1883, in-8º de 15 p.
L'Ancien Hôtel du Lieutenant du Prévôt de Troyes, 1885, in-8º de 10 p. (1 pl.)
Le Vouldy, 1885, in-8º de 19 p. (1 pl.)